妈妈给青春期女孩的成长指南

米诺 著

天津出版传媒集团

天津杨柳青画社

图书在版编目（CIP）数据

妈妈给青春期女孩的成长指南 / 米诺著． -- 天津：天津杨柳青画社，2024. 8. -- ISBN 978-7-5547-1340-2

Ⅰ．G782

中国国家版本馆 CIP 数据核字第 2024FN4439 号

出 版 者：天津杨柳青画社
地　　 址：天津市河西区佟楼三合里 111 号
邮政编码：300074

妈妈给青春期女孩的成长指南
MAMA GEI QINGCHUNQI NÜHAI DE CHENGZHANG ZHINAN

出 版 人：刘　岳
责任编辑：黄　婷
策划编辑：刘锦平
执行编辑：胡若婵
装帧设计：陆东英
编辑部电话：（022）28379182
市场营销部电话：（022）28376828　28374517　28376928　28376998
传　　 真：（022）28376968
邮购部电话：（022）28350624
印　　 刷：优奇仕印刷河北有限公司
开　　 本：1/16　787mm×1092mm
印　　 张：8
版　　 次：2024 年 8 月第 1 版
印　　 次：2024 年 8 月第 1 次印刷
书　　 号：ISBN 978-7-5547-1340-2
定　　 价：46.80 元

第1章 生理篇

胸前有了小鼓包 /2

身体出现讨厌的毛毛 /6

哎呀,我来月经了! /10

我为什么长胖了? /14

脸上长出烦人的痘痘 /18

第2章 心理篇

接纳不完美的身体 /24

我好像有点儿喜欢他 /28

好烦啊,我要崩溃了! /32

有"性幻想"很正常 /36

我也想"叛逆"一次 /40

第3章 安全篇

有些约会我不去 /46

被陌生人骚扰了怎么办? /50

面对校园欺凌,勇敢说不! /54

面子真的很重要吗? /58

第4章 社会篇

能和男孩做朋友吗？/64

请你尊重我 /68

什么才是真正的朋友？/72

我有心里话，想说给你听！/76

爸妈，我也是有隐私的！/80

第5章 学习篇

怎样让学习充满干劲？/86

如何应对考试焦虑？/90

偏科怎么办？/94

沉迷于网络怎么办？/98

我们既是对手，也是朋友！/102

第6章 素质篇

得改改我的"直性子"/108

除了学习，我还有很多兴趣爱好！/112

我想当个"财女"/116

在未来，我可以……/120

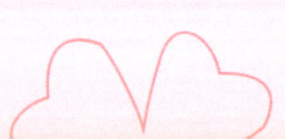

第 1 章

生理篇

女孩进入青春期以后，个子长高了，体重增加了，连肩膀和骨盆都变宽了，胸部好像在慢慢变鼓，脸上也会莫名其妙地冒出恼人的痘痘，突然有一天小便时流血了……当你看到身体的这些变化时，或许会心慌意乱，感到不知所措，甚至有些害怕。别担心，这些是女孩进入青春期后都会经历的身体变化。

所以，不必惊慌，也不用害羞，大胆地迎接青春期身体的变化吧。

胸前有了小鼓包

妈妈，我的胸部有时候有点儿疼，还能摸到硬硬的东西，这是正常的吗？

青春期的正常现象

1. 对着镜子看时，总觉得胸部一边大一边小，这是正常的现象吗？

2. 别的女生胸部都开始发育了，我的还没有动静。

3. 胸部有时候胀胀的，有时候还有点儿痒，感觉好难受。

4. 摸到胸部里面有个小硬块，轻轻按压还会疼。

当女孩的年龄到了十岁或十几岁时，胸部就开始发育，可能会出现以上这些困扰。别害怕，胸部有这些变化是很正常的，而且，每个女孩都会经历这一过程。

妈妈告诉我

宝贝，最近我注意到你的胸部开始发育了。妈妈像你这么大的时候，经常含胸驼背走路，希望别人不要注意到我的胸部，但这样非常影响形体美观。妈妈想告诉你的是，胸部发育是很正常的事，每个女孩都会经历，这说明你正在慢慢长大，千万不要因此而感到害羞、尴尬。如果你觉得胸部有疼痛感，或者摸到有小肿块，都要及时告诉我，妈妈会陪你一起去医院检查一下。

当胸部开始发育时，需要买一款适合自己的内衣，妈妈很愿意陪你一起去挑选内衣。现在市面上适合青春期女孩的内衣有很多种类，你可以根据自己的喜好挑选款式，根据自己发育的情况挑选内衣尺寸。妈妈建议你选择少女内衣，虽然它的支撑力不够强，但能帮你逐渐适应穿内衣的感觉。同时也建议你再买一款运动内衣，它能提供更强的支撑，这样你上体育课时就不会感觉不舒服了。

总之，你要学会接受身体的变化，也要注意保护自己，尤其是在学校和同学嬉戏打闹的时候，尽量不要碰撞到自己的胸部。

医生的建议

在合适的阶段穿戴文胸

女孩过早穿戴文胸不利于乳房的发育。一般来说,女孩到了 16～18 岁,乳房上底部经乳头至乳房下底部的距离大于 16 厘米时(用软尺测量),就可以穿戴文胸了。

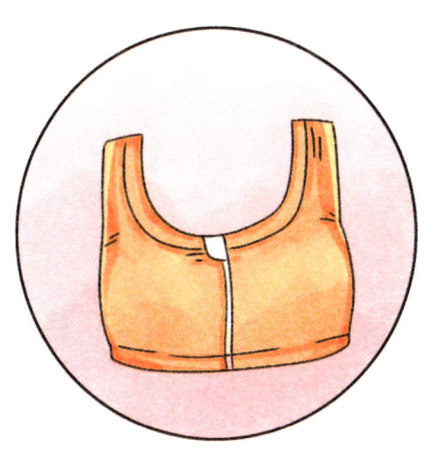

运动时可穿运动内衣

奔跑、跳跃或打球时,乳房会产生比较大幅度的震动,不仅使人感到不适,还很容易使乳腺受损。因此,在运动时,我们可以穿承托功能更好的运动内衣。

正确学习两性知识

第一性征是指生殖器官的发育。男孩和女孩的生殖器官逐渐从幼稚型变为成人型。

第二性征是指男孩与女孩除了生殖器官以外的外貌特征区别,主要体现在身材、体态、相貌、声音等方面的差异。

身体出现讨厌的毛毛?

6

青春期的正常现象

1 夏天到了,可是身上有好多汗毛,连腋窝下都是,好苦恼,我还想穿无袖的连衣裙呢!

2 嘴巴上长出了好多小毛毛,像男生的"小胡子"一样,但妈妈告诉我不能刮,不然可能会看起来更明显。

3 除了脸、腋窝、胳膊、腿,连隐私部位都长出了毛毛,书上说这些地方很容易滋生细菌,要注意日常清洁,勤洗澡。

4 原本光滑细腻的胳膊和腿上都长出了汗毛,好想把它们全部脱干净,但是妈妈不让我这么做,我只好穿长袖、长裤遮挡一下。

到十二三岁之后,女孩的四肢、腋下和隐私部位都会长出一些毛毛,它们不仅可以保护我们的皮肤免受外界伤害,还能起到调节体温、减少皮肤与衣物之间摩擦的作用。所以,千万不要为了美观而随意去除体毛。

妈妈告诉我

亲爱的女儿，我今天看到你买了一瓶脱毛膏，想着你可能受到了体毛的困扰，因此想和你聊一聊关于体毛的话题。

你现在十二岁了，身体逐渐长出体毛，这是一件很正常的事情，不用对它的存在感到不好意思。虽然在大众的印象里，女性的皮肤细嫩光滑更好看，但如果为了这种刻板印象而除掉自己的体毛，可是件得不偿失的事。要知道，体毛是保护我们皮肤的第一道防线，顺其自然是最好的。可千万不要随便刮手臂、腿上的汗毛或腋毛，如果你一定要除掉这些体毛，也不必急于一时，最好等成年后，体毛基本长完，差不多定型了，妈妈再带你去正规、专业的医院，选择科学、安全的脱毛项目。

亲爱的女儿，妈妈建议你现在不要过分地关注自己的外在，不要为了外在美而伤害自己的身体，无论何时都要记得爱护和尊重自己的身体。真正的美丽来自内心的自信和健康的生活方式。女儿，妈妈希望你能知道，现阶段你最主要的任务是好好学习，健康生活，这样未来才会有更多的选择权。

不要自己动手拔除体毛

体毛露在皮肤外面的部分叫毛干,埋在皮肤里面的叫毛根。毛根周围含有丰富的神经和血管,所以女生不要用小镊子拔毛,这样不仅很痛,还容易引发感染。

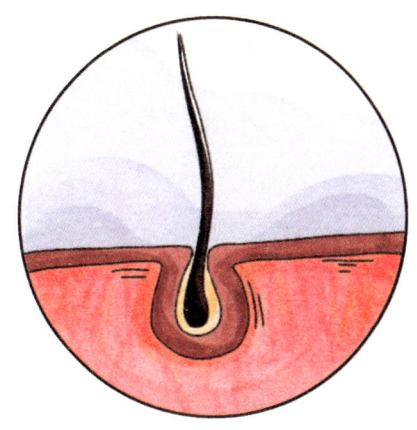

某些疾病或激素类药物可能造成多毛症

如果女生出现了体毛异常多并有男性化的表现,或是出现月经紊乱、痤疮明显、肥胖,甚至有血糖、血压异常等情况,应尽早到医院做相关检查。

有狐臭怎么办?

狐臭也叫腋臭,主要来自家族遗传。天气炎热的时候,腋窝下会散发难闻的气味,如果狐臭给自己带来很大的困扰,可以在正规医院进行手术治疗。

青春期的正常现象

1 妈妈说像这种"流血"的现象叫月经,第一次来月经叫月经初潮。没有特殊情况的话,月经每个月都会来。

2 月经来的时候,有时候会感到肚子疼,下腹坠胀,不过两三天后就会自然缓解。

3 来月经的时候,不要剧烈运动,最好不要参加激烈的体育比赛。

你今天怎么这么烦躁啊?

4 我的情绪经常受到月经的影响,有时候很烦躁,有时候很低落,有时候很激动……

来月经是女孩进入青春期后会出现的生理现象之一,很多女同学正在和你一样,经历着各种关于月经的烦恼。不同的人月经初潮的时间会不相同,有的来得早,有的来得迟,这都是正常的。

女儿，祝贺你，你来月经啦，这说明你长大了，你的身体正在不断成熟。

来月经是女孩迟早都会经历的事，它会伴随女孩的大半生。女儿，一旦你来月经后，以后每个月都会来月经。在来月经之前，你可能会感到烦躁、易怒；来月经时，你的肚子可能会有疼痛感，这都是正常的生理现象，不必为此感到害怕。

女儿，一般来说，月经每个月都会来，你可以提前备好卫生巾。不过，因为你才刚开始来月经，假如月经没有按时来，也是正常的。遇到这种情况，你可以及时告诉妈妈。

如果你在学校突然来月经了，可以向身边的女同学或女老师借卫生巾，大家会理解的。如果身体实在不舒服，可以告诉老师，暂时休息一会儿。必要的时候，可以请老师给妈妈打电话。

女儿，你现在知道不少关于月经的知识了，如果身边有女生来月经时遇到了麻烦，你不妨伸出援手，帮助她们一下吧！

注意经期卫生

卵巢分泌的性激素会使子宫内膜每月脱落一次,脱落的黏膜和血液经阴道排出体外,就形成了月经。月经期间,一定要及时更换卫生巾,保持私处清洁。

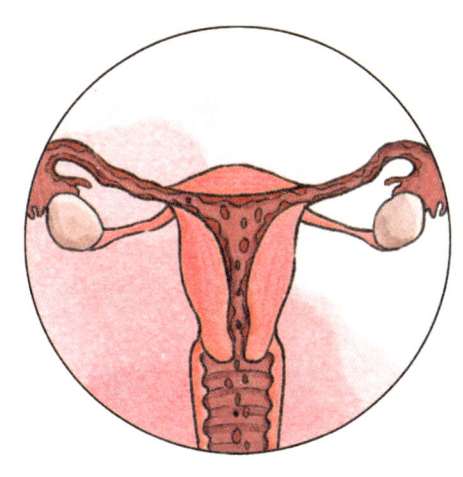

保持心态平和

月经期间,情绪很容易产生波动,可以适当到户外散散步,多和家人、朋友沟通,及时调整心情。

注意分泌物

女性的阴道还会分泌一种叫作白带的分泌物,它和月经一样,都是正常的生理现象。如果白带颜色发黄或呈乳酪状,要及时看医生。

我为什么长胖了？

啊，这么多好吃的美食，我要大快朵颐！可是，我好像胖了好多，减肥为什么这么痛苦？！

青春期的正常现象

1 每次称体重,数字都在往上跳,我都不敢称体重了。

2 虽然说着要减肥,但总是管不住嘴,这也想吃,那也想吃,真为我旺盛的食欲感到苦恼。

3 因为太胖了,我感到自卑,我不敢跟同学们说话,也不敢参加集体活动。我很想改变自己,却不知道怎么改。

4 虽然我减重成功了,但一不注意就反弹,好难受啊。

时时保持清醒

过了十三四岁后,大部分女孩都会因为身体发育而变胖,这是很正常的现象。这个时期,千万不要效仿成年人的节食减肥法或者饥饿减肥法来减肥,这样只会造成每天的热能供应不足,影响身体发育。想要控制体重,可以养成每天运动的好习惯。

妈妈告诉我

亲爱的女儿,因为学校里有男生笑你胖,你回家后哭了很久,还发誓一定要瘦下去。但我的宝贝女儿呀,你用不吃晚饭的方式来减肥,非常伤害身体,妈妈很担心你的健康!

你知道小美的表姐住院的事情吗?她也是通过节食的方式减肥,在三个月的时间内减掉了10公斤。虽然减肥成功了,但她的身体亮起了"红灯",她不仅身体虚弱、易怒易暴躁,还好几个月没有来月经,最后被家人送进医院调养。

妈妈和你说起这件事,就是想告诉你,过度节食减肥是不可取的,不能因为追求所谓的"骨感美"而过分节食以至于身体垮了。

如果你想保持苗条的身材,我们可以一起制订健康的饮食计划,平时要吃到七分饱,但要吃一些有丰富营养的食物,让你的身体得到充分的营养。同时,我们也可以一起寻找一些适合你的运动,比如慢跑、瑜伽或者游泳。运动不仅可以帮助你控制体重,还可以让你更健康、更快乐。

医生的建议

"两不要"建议

一是不要采用饥饿减肥法，过度节食不仅会影响身体的正常发育，还可能导致月经紊乱甚至闭经，损害生殖健康；二是不要使用药物或者手术减肥，市面上的大部分药物或手术减肥的方法绝不适用于青春期的女孩，因此千万不要尝试。

均衡饮食，加强锻炼

减肥可以"节食"，但这里的"节食"指的是节制饮食，调整饮食结构，少吃油炸、含糖量高或辛辣的食物。还可以通过适当的运动消耗身体的热量，让身体保持高效的新陈代谢。

脸上长出烦人的痘痘

啊,明天要上台演讲,脸上却长了这么多痘痘,真讨厌啊!

青春期的正常现象

1 脸上突然长了好多痘痘，红红的，按一下还很疼。

2 妈妈多次告诉我不要用手摸痘痘，也不要用手去挤，以免留下难看的痘印和疤痕。

3 如果经常熬夜，睡眠不规律，可能导致内分泌紊乱，痘痘会越长越多。

4 我很喜欢吃炸薯条和烧烤，但医生说高糖高脂食物容易诱发或加剧痘痘，看来，我得稍微忌口了。

无论男孩还是女孩，到了青春期，都可能会长青春痘。随着生理的成熟，青春痘会逐渐消失。所以，长痘痘的女孩们不要着急，以平常心对待并正确处理青春痘，我们一定会拥有光洁细腻的皮肤。

妈妈告诉我

亲爱的女儿，妈妈知道，每个女孩都渴望拥有细腻光滑的皮肤，但我好几次看到你在用手挤压痘痘，这种做法不仅治标不治本，还可能引发炎症，留下难看的痘印。

妈妈很理解你急于除痘的心情，因为我在像你这么大的时候，也曾为自己满脸的痘痘烦恼过。长大后我才发现，青春痘不知道什么时候已经悄悄离开了。宝贝，妈妈建议你放松心情，做好脸部的清洁，别熬夜，多吃清淡的食物，青春痘会慢慢消失的。

如果你的青春痘长得太厉害，严重影响了你的学习和生活，那妈妈可以带你去咨询皮肤科医生，咱们听从医生的指导。

女儿，妈妈还想说，许多女孩长了痘痘之后都会觉得自己变丑了，很苦恼。其实，青春非常短暂，但青春又很美好，你不能在短暂而美好的时间里自寻烦恼、自怨自艾，你更不能浪费这段美好的青春时光呀。你想想看，愁眉苦脸的人和笑意盈盈的人，哪个更招人喜欢？宝贝，即使你的脸上长了烦人的青春痘，但是只要你每天都能笑容满面、阳光开朗，那你也是美的。所以，只要你把长痘痘看作一件平常的事，跟痘痘和平相处，自然也就不会有这么多烦恼了。

"三要"原则

第一，要做好皮肤的清洁工作，但不要过度清洁，以免破坏皮肤屏障；第二，要控制饮食，少吃油腻、辛辣的食物，以免油脂分泌过多，加重毛孔堵塞；第三，要保持良好的生活习惯，作息规律，不要熬夜。

"三不要"建议

第一，不要服用含激素的药物，这些药物会导致内分泌失调，影响身体和生殖健康；第二，不要自己涂抹药膏或敷含激素的面膜，以免给皮肤造成更严重的伤害；第三，不要挤压痘痘，尤其是长在额头和鼻翼三角区部位的痘痘。

青春期是女孩身体发育的重要时期，每个女孩都要认真学习生理知识，珍爱自己的身体。

青春期的身体发育会持续好几年，这个阶段也可能会出现各种小状况，但不要担心，随着我们慢慢认识、适应自己身体的变化，我们就会越来越喜欢自己的身体。

如果你有想对妈妈说的心里话，请写下来。

我的心里话

第2章

心理篇

伴随青春期而来的，除了身体上的变化，你的心智也逐渐成熟，你变得越来越细腻敏感，更关注自己，重视别人对你的评价，也无比渴望独立和自由。

在这个过程中，你可能会面临各种挑战，例如无法控制情绪、挑剔自己的外貌、情愫萌发等，这些都是正常的现象，是你成长过程中的一部分。不要担心，勇敢地面对这些挑战吧。

青春期女孩的审美

1 每次站在镜子前,我都觉得自己太矮了。看着那些身材高挑的女孩,我觉得自己又矮又平凡,为了让自己看起来高一点儿,我穿了内增高鞋,但一天走路下来,我的脚好累啊!

2 感觉自己变胖了,每次穿衣服都要挑来挑去,总觉得自己会被同学笑话,特别是上体育课的时候,我希望谁也别朝我看。

3 我每天都在想怎么样才能让自己变得更漂亮一些。

4 我的朋友有双眼皮,好漂亮啊,我好羡慕她,我也想有双眼皮。

在身体发育的过程中,很多女孩都可能会对自己的身材、外貌和形象有所不满,但是女孩们要知道,"美丽"没有标准答案,只要是健康、乐观、自信的,每个女孩都有自己独一无二的青春风采。

妈妈告诉我

亲爱的女儿，我知道你最近对自己的身材和相貌有些困扰，总说自己眼睛不够大，身材不够苗条纤细。但我每次看到青春洋溢的你们，不管胖也好，瘦也好，还是脸上有青春痘也好，就真心觉得你们都好美啊！因为你们正处于人生中最好的时光，年轻本身就很美。

除了年轻本身的美，生活中还有其他让我们感受到美的时刻。你记得我们一起看直播，神舟十三号上的女航天员王亚平，她镜头下自信开朗的笑容，不就深深打动了你我吗？比如你的好友小优，她每天笑容满面，落落大方，大家都称呼她为"阳光小美女"。可见，美多种多样，除了外貌美，内在的健康、独特、自信也是有强大力量的美。如果一味地追求外在美，而忽视了自己的内在美、健康美，甚至让自己处于不舒服、不自在的状态，这是不是把美的道路越走越窄了呢？

当然，适当在意自己的外貌也不是坏事，咱们可以一起跳操，一起打理秀发，周末一起逛街买美美的衣服，每天漂漂亮亮、开开心心的，怎么样？

医生的建议

慎穿高跟鞋

处于青春期发育阶段的少女,其骨质柔软,极易变形。如果过早、过久穿高跟鞋,会引起骨盆和足部形态发生变化,影响个人体态和骨骼发育。

不宜过分节食

发育阶段过分节食容易引发一系列身体问题,甚至会出现厌食症,影响身体健康。

慎用化妆品

因为激素分泌旺盛的缘故,发育阶段的少女很容易长青春痘,如果长期使用化妆品,很容易堵塞脸部毛孔,影响身体正常的新陈代谢,加重皮肤问题。

我好像有点儿 喜欢他

他今天穿了我最喜欢的蓝色衣服,这是对我的暗示吗?

青春期女孩的小悸动

1 听到别人议论他时，我总会很在意，而且会莫名其妙地紧张起来。

2 无意间在笔记本上写了他的名字，当清醒过来时，又生怕被人看到，赶紧擦掉。

3 时常幻想和他偶遇的情节，总在朋友面前提起他。有时候看到他和别的女生有说有笑的，感觉很生气。

4 觉得他什么都好，我已经深深地被他吸引了，无法自拔，完全没心思学习。

在青春的美好年华里，喜欢一个人可以让你的心灵悄悄成长、丰富起来，这不是一件坏事。但是，我们最好把这份"喜欢"珍藏在心里，不要让青春懵懂的情愫影响学业和生活，不要过早与异性进行亲密接触。

妈妈告诉我

亲爱的女儿，谢谢你对妈妈的信任，谢谢你能把你心里的小秘密和我分享。

妈妈像你这么大的时候，也曾偷偷喜欢过同桌，妈妈非常能理解你现在的心情。你每天和异性同桌近距离相处，了解对方的一举一动，心里自然会产生一种美好的感觉。但这种感觉就像一串刚长出来的青葡萄，看着很诱人，吃进嘴里却是又酸又涩。我们只能等它成熟之后，才能品尝到它的甜美。

宝贝，如果你真的对某个男同学产生了好感，我建议你淡化他的性别，不患得患失，多从精神层面去欣赏他，和他聊天自然大方，不刻意表现，也不过分紧张。这样你们的交往才会轻松、自然。

在少男少女阶段，有这种懵懂的情愫并不是件坏事，

但我希望你不要被这样的情愫困扰，无法自拔，而忽视了自己的学习和成长。因此。无论你在情感上遇到什么样的问题和困难，都要记得和妈妈说。我会一直在你身边，为你加油打气。

正确看待自己的性意识觉醒

少男少女对异性产生好感很正常，不用刻意逃避，也别心烦意乱，大方坦荡面对。

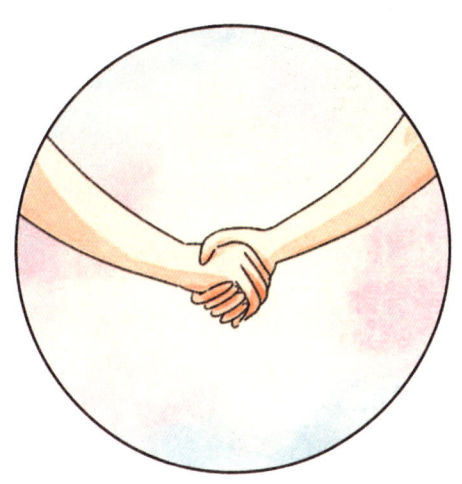

理解和异性相处的意义

我们与异性相处，不是为了早恋，而是为了了解异性，学会如何与异性相处，建立与异性的友谊。

遵守与异性交往的原则

1. 公开场合交往，不与异性单独相处。
2. 不带滤镜，正常看待异性的优缺点。
3. 冷静处理好和异性的关系，不要越过防线，偷食禁果。

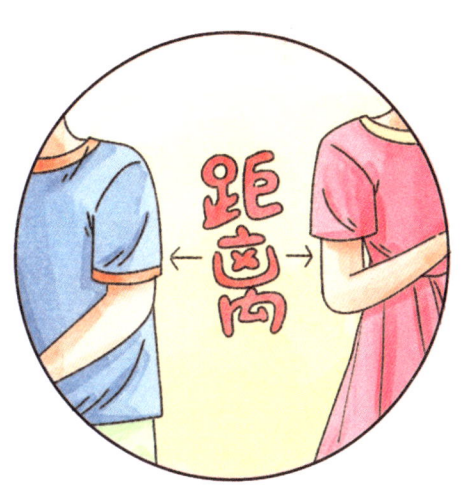

好烦啊，我要崩溃了！

只是一点儿小事就会让我爆发，事后又觉得很后悔，我真的不知道怎么办才好！

青春期女孩的常见心理活动

1 每次我被老师点名，就觉得好难过，感觉所有人都在看我、议论我。我知道可能是我多心了，但我就是控制不住自己。

2 最近总是觉得情绪低落，有时候甚至因为一点儿小事就觉得很伤心，我也不知道自己为什么会这样。

3 我总觉得自己和别人格格不入，我总是活在自己的世界里。每次看到别人都那么开心，我就觉得自己好孤独。

4 我发现我越是想掩饰自己的情绪，就越让自己变得更加敏感。真的好烦啊，感觉自己每天都在失控的边缘。

因为学习压力、情感变化以及生理原因，女孩很容易情绪失控，变得暴躁易怒或者郁郁寡欢。尤其是在月经来临前，因为激素的影响，这种无法控制的情绪之火会更明显。

妈妈告诉我

亲爱的女儿，因为今晚饭桌上的一点儿小事，你就发了很大的脾气，我想了很久，决定写信和你聊聊。

在你成长的过程中，不仅你的身体会有变化，情绪上也会有很大的波动，有时候你可能会暴躁易怒，有时候又会很敏感，甚至常常感到孤独，这都是正常的，不必为此而责备自己。如果你想学着控制自己的情绪，这几个办法你可以试试：

分解法。复盘发生的事，问一问自己，为什么会这么生气，把生气的原因一一罗列出来，再逐一解决。

想哭就哭。大哭一场能缓解情绪上的压力和孤独感。

阅读解千愁。情绪不好时，你不妨找一本最喜欢看的书，沉浸到书的世界中，这样不仅能使思想变得开阔，情绪也会好起来。

逛街。穿上你喜欢的衣服，外出逛街，可以买些你想吃的美食，也可以买些精美的小饰品，相信这些都能缓解你的情绪。

写日记。写日记是一种积极的生活习惯，有些烦恼、伤心的事，不方便讲出来，可以写在日记里，这也有助于缓解负面情绪。（我是不会偷看你的日记的！）

情绪起伏是青春期的正常状态

十五六岁时,你的大脑前额叶皮层也处于生长发育的关键阶段。一般来说,这时的你确实比较容易出现神经上的冲动,比如判断力下降、脾气暴躁、情绪失控等,这都是正常现象。

情绪也会生病,不要忽视

就像身体会生病一样,情绪也会"生病",情绪长期低落时,要引起重视,可以和父母沟通,寻求家人或专业医生的帮助。

积极面对负面情绪

生活中,我们遇到挫折会失落,遇到压力会焦虑,有这些负面情绪是正常的,不要害怕。有时候,与其沉浸在消极情绪里紧张焦虑、后悔自责,不如发泄出来。

有"性幻想"很正常

我昨晚梦见班长变成了白马王子,带着我环游世界,现在看到班长就全身不自在,这可怎么办?

青春期的正常现象

1 昨晚看言情小说后,竟然开始幻想我就是女主角,最后还做了不可描述的梦,我的天哪,真是太尴尬了。

2 最近这段时间脑海里总是有一些奇怪的想法,结果这段时间学习成绩下降,还没法跟爸妈解释原因。

3 明明和班长只是普通同学的关系,结果别人一起哄,我自己都混乱起来,结果我现在看到他都脸红。

嘿嘿!

4 虽然知道看含有成人元素的图片是不对的,但我总忍不住想看,看完后又无比后悔。

> 女孩到了青春期,因为体内激素的变化,可能会对性产生兴趣,并出现性幻想和性冲动,这都是正常的生理现象,不用为此感到担忧或尴尬。

妈妈告诉我

亲爱的女儿，你昨天和我说你做了"春梦"，我想了半天，还是决定和你好好聊聊"性幻想"这件事。

随着年龄的增长，你会对异性产生好奇，甚至产生性幻想，这很正常。有些女孩子因此而感到羞耻，觉得自己是坏孩子，其实大可不必。

性幻想虽然正常，但并不等于说我们可以放纵自己，沉溺其中。我的宝贝女儿，针对这个问题，妈妈给你四个小建议：

第一，和异性相处要注意分寸，小时候男女生之间比较亲近，这很正常，到青春发育期，彼此就不要勾肩搭背，尽量减少身体接触。

第二，对黑暗、私密的空间提高警惕心，尽量不和异性单独相处，更不要去陌生的地方赴约。

第三，转移注意力，将精力放在学习上，闲暇时多做运动，多听音乐，使自己的生活和学习充实起来。

第四，不要在公开场合谈及性幻想的内容，不与同学或朋友分享自己私密的想法。

宝贝，我会一直支持你，与你共同面对你在成长过程中所遇到的任何问题，妈妈也很愿意做个听众，倾听你的开心或烦恼。期待你继续和我分享你的心事。

医生的建议

性幻想是正常的现象

当女孩长到十五六岁时，体内的性激素分泌较为旺盛，就可能会出现性幻想的情况。这是正常的生理现象，不用对此产生负面情绪，更不要觉得有"性幻想"就不是好孩子了。

注意更易产生性冲动的时期

在月经周期的中期，女性的雌激素水平较高，这时候的性幻想可能会增强。此时，可以有意识地远离刺激物，减少因为视觉、听觉或触觉上的刺激而产生的性冲动。

必要时求助父母

当女孩对"性幻想"感到困惑、担忧或不安时，应及时告诉爸爸妈妈，请他们为你答疑解惑。

我也想"叛逆"一次

青春期女孩的叛逆现象

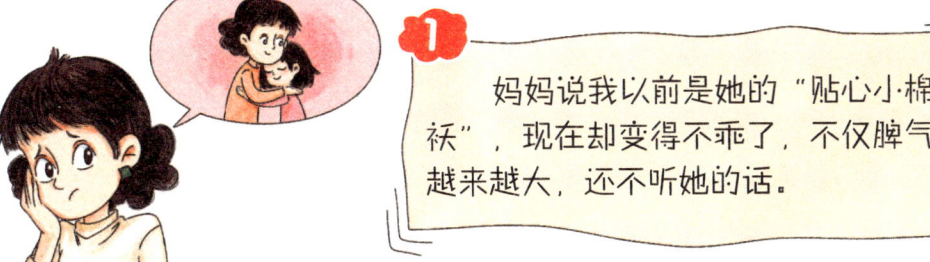

1 妈妈说我以前是她的"贴心小棉袄",现在却变得不乖了,不仅脾气越来越大,还不听她的话。

2 我不喜欢总穿着单调的校服,也不喜欢总是剪短发。周末或者假期,我希望自己能打扮得独特一点儿。

3 我不甘心总是坐在教室的角落里,没有人关注、在意,如果有机会,我也想成为同学眼中的焦点。

4 我很想染头发、做美甲,但又怕爸妈生气,或者老师对我有意见。

到了十五六岁,女孩的自我意识会越来越强,不仅会反抗家长、老师的管束,还会用行动证明自己的"自主性",这都是很常见的表现。但要注意,叛逆应适度,过于任性是不可取的。

妈妈告诉我

亲爱的女儿，我注意到你最近开始涂抹化妆品、穿吊带裙和高跟鞋，此外，我还感觉你最近和爸爸、妈妈说话很不耐烦，甚至故意唱反调。我既为你的成长而骄傲，也为你的叛逆而担忧。

在穿着打扮上，你过分地注意自己的形象，追求所谓的"时尚"和"潮流"，但这不一定能展示出你的个人魅力。你还记得上次我们逛街时看到的那个小女孩吗？她穿着一身奇装异服，显得与众不同，但我们都觉得那样并不适合她。妈妈建议你，在穿着打扮上，选择舒适大方的衣服，多参考不同的搭配，慢慢找到你的风格，但不要刻意追求所谓的"新潮"。

在行为上，我希望咱俩都能注意说话的方式，不大喊大叫，有话好好说。因为比起争吵，有效地沟通才是解决分歧的更好选择。

叛逆期是成长的一部分，你要勇敢面对它。宝贝，妈妈想告诉你，你的叛逆行为虽然会让爸爸、妈妈感到困惑和焦虑，但你要记住，无论遇到什么困难，我们永远支持你，和你一起面对一切困难。

心理专家建议

接受情绪

叛逆期的你或许很容易情绪激动,这是正常的现象。不要试图压抑自己的情绪,而要学会接受它,并找到合适的方式来释放,比如做做运动、在空旷的地方大喊等。

建立良好的沟通关系

平时与父母多沟通,让他们了解你的想法和感受,同时倾听他们的意见。与父母意见不一致时,应当心平气和地表达自己的观点,商量出让双方都满意的做法。

设置双方都要遵守的家庭规则

对青春叛逆期的女孩来说,清晰、合理的家庭规则能帮你识别事情的界限,控制自己的行为。但要注意的是,家庭规则需要公正、合理,双方都能理解和接受。

在心灵成长的旅程中，我学会了从容面对自己的缺点和错误，不再被完美主义束缚，我也逐渐领悟了排解负面情绪的技巧；我学会了尊重和倾听他人，同时坚定地守护自己的边界，不轻易妥协。

这段进步的旅程还在继续，我会勇敢面对接下来的挑战，创造属于自己的精彩。

如果你有想对妈妈说的心里话，请写下来。

我的心里话

_____
_____
_____
_____
_____

第 3 章

安全篇

随着青春期的到来,女孩的安全问题也越来越重要。在校园中,她们可能遭遇欺凌,对心理健康造成严重影响;在社会上,她们可能会被陌生人尾随,遇到性骚扰、坐上黑车等突发事件;在网络世界,也可能遇到网友邀约线下见面的事情。千万不要认为这些事情很遥远,不会发生在自己身上。

女孩们,一定要学会识别危险信号,增强自我保护意识,不让自己身处险境。

青春期女孩安全注意事项

1 新闻上说有些出租车司机会骚扰副驾驶座上的乘客,所以我外出打车时从不坐副驾驶座。

2 有一次我在公交站遇到一个背包客,他问我能不能帮忙,我没有回话,赶紧离开了,他应该找警察帮忙而不是我。

3 小区的路灯坏了,有一段又黑又长的路,我总是提前打电话给爸妈,让他们来小区门口接我。

4 有一次同学约我去爬山,但我提前看了下地图,发现这座山在很偏僻的地方。后来我建议去市中心的公园看菊花展,我们也玩得很开心。

女孩子一个人出去的时候,一定要提高警惕,注意出行安全。户外活动时尽量选择人多的场所,不去偏僻的地方;打车时选择正规的车辆,不坐黑车、拼车、顺风车;夜晚尽量不单独外出。

妈妈告诉我

亲爱的女儿，昨晚你回家很晚，也没有提前和爸爸、妈妈说，我问你为什么回来那么晚，你却不以为然，这让我非常担心。我写信给你，并不是要责怪你，而是想表达我深深的担忧。我明白你是一个正在成长的花季少女，有着自己的社交和外出需求。我支持你的独立和自主，但是在这个过程中，我必须向你强调生命安全的重要性。

为了你的安全，我想提醒你关于户外出行的几点注意事项，这是安全底线，你要牢记在心。道路安全：走路不看手机，不和同伴打闹嬉戏，不闯红灯。游玩安全：不去偏僻的地方，不在没有保护的情况下下水，不一个人走夜路。

出行安全：不坐陌生人的车，不接陌生人的搭讪，坐车时不要忘记系安全带。

女儿，别嫌我啰唆，妈妈恨不得把你捧在掌心，全力呵护你的成长和安全。但你在长大，总要学会自己面对阳光和风雨。相信你会成为一个重视自己安全、保护自己成长的女孩，我会一直陪伴在你身边，给你温暖和力量。

外出前，做好安全功课

对自己要去的地方提前做好路线规划，做到心中有数。确保手机电量充足，带好移动电源和部分零钱，以备不时之需。

外出前，做好防范措施

出发前，告诉爸妈自己的行程和同伴；上车前，拍下车牌号发给爸妈，同时，打开自己的电话手表或者手机的定位，检查手机的一键报警键是否正常。

遇到危险时，勇敢自救

遇到危险时，不要因为害怕而自乱阵脚，或大哭大闹激怒凶徒，应保持冷静，积极用手机报警或用其他方式进行自救。

被陌生人骚扰了怎么办?

青春期女孩交友注意事项

1 网友总喊我"老婆",还说各种甜言蜜语,这种人有点儿不太对劲,还是拉黑比较好。

2 有个不认识的路人非要加我好友,还跟了我一路,幸好我一边往人多的地方走,一边给爸爸打电话,这才把他吓走。

3 朋友无缘无故给我送贵重的礼物,我赶紧拒绝了。天下没有免费的午餐,谁知道他有什么目的!

4 关系很好的男同学邀请我去他家玩,还喊我单独跟他看电影,这些私密环境不适合和男同学单独相处,我不能去。

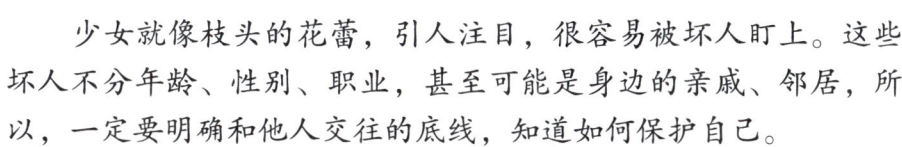

少女就像枝头的花蕾,引人注目,很容易被坏人盯上。这些坏人不分年龄、性别、职业,甚至可能是身边的亲戚、邻居,所以,一定要明确和他人交往的底线,知道如何保护自己。

妈妈告诉我

亲爱的女儿,周末我们一起看了部电影——《素媛》,你看得泪水涟涟,并问我:"为什么素媛帮助别人,却遭遇残忍的伤害?"我想,大概因为人是很复杂的生物,当邪念滋生时,恶人就会摧毁、伤害他人的身体和生命。所以,今天我想和你讨论的重点就是如何保护自己的身体。

任何人都不能有意或者无意地触碰你的身体,尤其是隐私部位,例如胸部、私处、屁股等。如果有人试图接触你的身体,不管是陌生人还是熟人、长辈,甚至同龄男生,你都要学会说不,然后迅速离开或者寻求帮助。

同时,语言侵犯也是不可接受的,如果有人用不礼貌的言辞对你进行侮辱或骚扰,别忍气吞声,给我们打电话。同时想办法录下对方说的话,我们可以利用这些证据来惩罚他们,保护你的安全和尊严。

女儿,为了不被坏人侵犯,你平时就要提高警惕,不要轻易相信陌生人,尤其是在网络上,不要随意泄露个人信息,如家庭住址、电话号码等。如果你晚上回家时间较晚,一定要给爸爸、妈妈打电话,我们去接你。

安全专家告诉我

不允许别人触碰的隐私部位

女孩的胸部、屁股等都属于隐私部位，绝对不能被他人触碰。一旦被触碰，不管是否隔着衣服，都要提高警惕，避免被进一步侵犯。

遇到危险应大声呼叫

在公共场所被陌生人骚扰或侵犯时，不要害怕，勇敢大喊"救命，有色狼"，寻求别人的帮助，摆脱坏人。

注意屏蔽隐私的信息

在网络上上传照片时，尽量不要上传正面照，照片里的背景、时间、定位等隐私信息尽量涂抹掉，以免被不法分子利用。

遭遇校园欺凌怎么办？

1. 参加了学校开展的"校园安全教育讲座"后我知道，被同学欺凌了一定要及时告知家长和老师。

2. 同学经常辱骂我，给我起外号，原来这是一种语言欺凌，我应该严肃警告他，并告诉爸妈和老师。

3. 班上的男生总是抢我的文具和课外书，这是欺凌，我告诉班主任后，这个男生再也不敢这样对我了。

4. 女同学传播我的谣言，还让大家都不要和我玩，她真是太过分了。我在讲台上将她的行为大声告诉同学，大家都说我很勇敢。

在学校，如果遇到欺凌，一定不要害怕表达，不要选择忍让，要敢于对别人不合理的且让自己感到不舒服的行为说"不"！还要及时向父母、老师说明情况，寻求帮助，让欺负我们的人得到应有的惩罚。

亲爱的女儿，听说你们学校有一位同学因为被欺凌而住院了，我非常震惊。过去，我一直教育你谦逊、大方，不欺负同学，但我没有想到过，如果一个人太善良的话，他很可能会受到身边人的欺负。今天，我忍不住问自己，如果你在学校被欺凌了，你会跟我说吗？以前我们从没讨论过这个问题，今天我想和你谈谈。

在校园中，欺凌可以表现为语言上的羞辱、心理上的伤害、肢体上的攻击，甚至是财物上的侵犯。无论是哪种形式，都是不可接受的。妈妈希望你明白，每个人都应该受到尊重和关爱，不应该被任何人欺负或伤害。

女儿，假如你遭受了欺凌，千万不要忍让，因为你的忍让和妥协只会让对方觉得你软弱，继续欺凌你。当别人欺凌你的时候，在确保自己生命安全的前提下，你应该大声呼喊，并做出反击，这样欺凌者可能会受到震慑，并停止对你的欺凌。

亲爱的女儿，在校园里，不管发生什么事情，你都要告诉妈妈，我会陪你一起制止、反击欺凌。你要记住，爸爸、妈妈永远是你最可靠的依靠。一定要保护好自己，我们永远爱你。

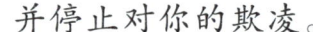

安全专家告诉我

什么是欺凌？

校园欺凌指受害者被一个或多个学生故意、反复、持续地做出负面行为，对受害者造成身体上及心理上的伤害或不适应。这是中小学生之间经常发生的特殊攻击行为，可分为关系欺凌、言语欺凌、身体欺凌、网络欺凌等形式。

遭遇欺凌，你应该怎么做？

1. 面对欺凌，勇敢说"不"，表明你的态度，制止对方。
2. 在安全的情况下反击，在不安全的时候寻找周围的监控设备，保存证据。

3. 告诉家长和老师，不独自承受身体和心理上的伤害。

面子真的很重要吗?

妈妈说,勇敢大胆发言,说错了也不会没面子,真是这样吗?

我为什么这么 **好面子**？

1 我有时候太要面子了，不敢拒绝别人的请求。上次同学让我帮忙整理笔记，我其实很忙，但我还是答应了。

2 我总是不敢直接说"不"，怕伤害到别人的感情。就算不想去参加一个活动，我也会找各种理由避免直接拒绝，这样感觉自己好累啊。

3 我每天出门总会照很久的镜子，因为大家都喊我"班花"，所以我觉得自己的穿着打扮不能太马虎。

4 我觉得我特别在意别人的看法，有时候会为了讨好别人而去做一些不太合适的事情。

在校园里，我们会接触到性格各异的同龄人，如果总是担心伤害别人，不敢开口拒绝，这样只能伤害我们自己。有时候，我们可以勇敢点，大胆地说"不"，表达自己的真实想法，这样他人才能真正地尊重我们。

妈妈告诉我

亲爱的女儿,昨晚露露约你周末去玩轮滑,我注意到你的表情,你的表情告诉我,你并不是特别想去,但你最终还是答应了。我完全理解你,有时候我们对朋友或者亲人的请求,就是很难说"不",因为害怕拒绝会伤害他们的感情。

我像你这么大的时候,也和你一样,没法开口拒绝别人。等我到现在这个年纪,才明白一个道理:自己的感受才是最重要的。所以,我的宝贝,如果某件事情让你感到不舒服或者你不想做,你可以优先考虑自己的感受,你可以勇敢地说"不",或者拒绝做这件事。

当然,你的拒绝也不用太生硬、太直接。比如,你可以找个合适的理由推脱,让双方都能下得来台;也可以用转移话题的方式表达反对;还可以用先赞同再反对的技巧,表达你的意见。总之,我建议你,不要太在意别人的看法,该拒绝时尽量勇敢说"不",毕竟你的感受才是最重要的。

女儿,以上仅是妈妈给你的一些建议,你一时之间做不到也没关系,人都是慢慢成熟的,不着急。希望我的宝贝能逐渐学会优先考虑自己,健康快乐地成长。

心理专家建议

你有权利说"不"

每个人都有权利说"不",有权利表示拒绝。拒绝他人有时候是为了保护自己的合法权益。拒绝他人并不意味着你是个不好的人。

练习沟通技巧

通过角色扮演或者情景模拟的方式练习在不同情景下说"不"。

增强自信心

多进行自我肯定和鼓励,增强自信心和自我价值感。

青春期的女孩如同初绽的花朵,美丽而娇嫩,在这个阶段,我们不仅要迎接身体的变化、心理的波动,还要面对外界的诱惑与压力,因此,我们需要时刻保持警惕,坚定自己的信念,拒绝那些会损害我们身心健康的事情。只有这样,我们才能保护好青春岁月的自己,迎接美好的未来。

如果你有想对妈妈说的心里话,请写下来。

我的心里话

_____
_____
_____
_____
_____
_____
_____

第 4 章

社会篇

青春期不仅是女孩身体发育的时期，更是建立情感和锻炼社交能力的重要时期。与异性相处时，女孩们需要保持坦诚、自信，建立良性友好的关系；与朋友相处时，女孩们需要学会倾听、理解和支持彼此，建立真挚的友谊；与亲人相处时，女孩们需要学会有效沟通，正确地表达自己的想法和感受。

能和**男孩**做朋友吗?

第一次和男生分在一个组,虽然有点儿尴尬,但他的思维很灵活,给了我不少启发。

和异性相处注意事项

1 我性格大大咧咧，像男孩子，妈妈告诉我，要尽量少和男孩子有肢体接触。看来，以后我是得注意一点儿了。

2 有个男生给我写情书，但我觉得我们现在应该好好学习，不能浪费时间。我向他表明了我的意思，并约定好一起努力学习。

3 数学课代表成绩好，长得帅，我很喜欢他。但我从没想过表白，我要好好学数学，像他一样厉害。

4 我和同桌只是普通朋友，但大家居然传起了谣言。我觉得不用解释，时间久了，流言蜚语自然不攻而破。

在青春年华里，女孩对男孩产生好感是正常的生理现象和心理需求，我们应该坦然面对。对于这种青涩的情感、懵懂的情愫，女孩们一定要正确处理，不要沉迷其中，要明白当下最重要的任务是学习和成长。

亲爱的宝贝,今天是2月14日——情人节,妈妈瞥见垃圾桶里有你拆下的巧克力包装彩带,想来一定是在这个特殊的日子,我的宝贝女儿收到了男同学送的巧克力。想到这里,妈妈的心里又酸又甜,酸的是当年在我怀里小手小脚的婴儿长大了,变成一个亭亭玉立的大姑娘;甜的是有人也像我一样,看到了独一无二、闪闪发光的你。

宝贝,妈妈不限制你交异性朋友,但是,我希望你能有原则和底线,要在正常的范围内与朋友交往,要明白当下最重要的事情是什么。当然如果你不喜欢对方,可以委婉地拒绝他,告诉他你想把全部的精力都用在学习上。妈妈知道,拒绝别人可能会让你感到有些为难,但你要相信,真正喜欢你的人会尊重你的想法,而不是做出让你为难的事。如果对方的情绪或行为不理智,你一定要提前告诉我,我们一起商量如何处理这件事。

如果你也对他有好感,这是件美好的事情。妈妈希望你可以把这份喜欢转化为动力,双方一起进步,都变得更加优秀。同时,你也要注意分寸,不要单独和男生外出,也不要接受对方贵重的礼物。青春期的恋爱是美好的,但这份美好是伊甸园的苹果,可不能轻易采摘。

愿你在这个特别的日子里,心情愉快,妈妈永远爱你。

交往对象

提倡与年龄相近的同学交往，不提倡与网友或者年龄相差过大的异性交往。

交往范围

提倡集体交往，不提倡与单个异性亲密交往。

交往场合

提倡多在教室或校内交往，不提倡在校外，尤其是娱乐场所、异性家中相处。

交往内容"四注意"

1.注意不要接受异性贵重的礼物；2.注意不要与异性谈论有关身体隐私的话题；3.注意不要和异性有肢体接触；4.注意不要隐瞒爸爸、妈妈，任何事都可以和爸爸、妈妈商量。

请你尊重我

朋友本来就是要互相关心、愿意为对方着想的,只有我一个人不停地让步,算什么朋友!

青春期女孩交友注意事项

1 朋友总找我诉苦,让我也很难受。后来,我意识到这样下去不好,所以我提醒她可以尝试用别的方法来调整情绪。

2 朋友给我起外号,我很不开心。我告诉她以后不能再给我起外号。毕竟,彼此尊重才能成为长久的朋友。

3 朋友总是喊我"帮忙"。妈妈告诉我,助人为乐的前提是自愿,如果我不愿意,就要学会勇敢拒绝。

4 朋友说我画画是浪费时间,但我认为,每个人都有自己独特的兴趣爱好,不应该用统一的标准来衡量。

与人相处时,我们要学会珍爱自己和理解他人,珍爱自己就是明确自己的底线,不要委屈自己,取悦他人;理解他人就是倾听和尊重他人的想法,双方互相学习,共同成长。

妈妈告诉我

亲爱的宝贝，听说你要和琪琪绝交，因为你觉得她有事瞒着你，让你很生气。妈妈也有过类似的经历，也曾经因为这样的事情和朋友闹别扭，所以很理解你的心情。

其实，朋友之间有摩擦是很正常的事情。人与人之间，哪怕再亲密，也需要一些私密空间。有些事情琪琪可能不想让别人知道，或者还没有做好分享的准备。但这并不代表她不把你当好朋友，也许她有自己的原因和考虑。你要给她一些时间和空间，让她处理好自己的事情。

每个人都有自己的隐私和底线，我们应该尊重朋友。因为只有在互相尊重和理解的基础上，友谊才会更加深厚。

宝贝，妈妈希望你能明白，无论你和谁相交往，都要记住给彼此一些独立的空间。换位思考一下，如果你有一些隐私，不想说出来时，你希望对方怎么做呢？你肯定也希望对方不要过分询问你的事情，你要有自己的个人空间。

女儿，妈妈说的这些都懂了吗？如果你还觉得内心不舒服，你可以和妈妈聊聊，或者和其他好朋友聊聊。妈妈很想听听你的想法。

认知自我

每个人都有自己的性格和喜好,所以在和朋友相处时,产生一些小矛盾是正常的。如果自己错了,就主动真诚地道歉,如果自己没错,就大胆坚持自己的想法。

真诚沟通

与朋友坦诚相待,诚实地表达自己的想法和困境,也认真倾听朋友的真实想法。

拒绝时提供替代方案

拒绝时你可以尝试提供一些替代方案或建议,这样可以让朋友感觉到你仍然关心他们,并且愿意帮助他们寻找其他解决办法。

什么才是真正的朋友?

什么才是好朋友呢?我想,一定是能在我的心里种下一朵花,而我也能在她的心里种下花的人。

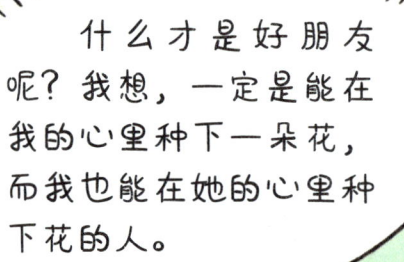

青春期女孩交友注意事项

1 有些人看起来很友善,但我总觉得有点儿虚伪。因为有一次我听到朋友在背后说我坏话,我觉得应该离她远点儿。

2 同桌什么事都和我说,可我偶尔也会烦,有时候我真想一个人安静一会儿。

3 前段时间我交了一个新朋友,她平时看起来很酷,但最近她总带我去一些奇怪的地方,可是我真的不想去。

4 妈妈说,不管是多好的朋友,我都不能在她家过夜。我一开始挺不理解,后来想想,妈妈说得有道理。

青春期的友情是可贵的,因为有了友情,我们才不会孤独。但交友也是有原则的,就算是好友,也不能做出损害我们尊严的事情。

妈妈告诉我

亲爱的宝贝，今晚吃饭时，你说起芊芊要你帮忙背黑锅的事，你很为难。帮吧，你自己不开心；不帮吧，又好像太不够朋友了。因此，妈妈想和你好好聊聊这件事。

宝贝，当朋友遇到困难时，你总想帮她们做点儿什么，这是你善良的天性使然。但是，我们也要有自己的原则，为朋友做任何事情都不能超出自己做人的原则和底线。为了"朋友义气"，不管对错都帮朋友去做，或者替朋友承担错误、接受惩罚，这并不能证明你们的友情深厚。

就拿芊芊让你帮忙背黑锅这事来说，如果你这次帮了她，下次她还会找你做同样的事，如果你不愿意，她可能就会很生气，甚至和你绝交。所以，朋友之间感情再好，你也不能为她背黑锅，代她承担责任。你能做的是，事前提醒她这样做的后果。如果你提醒了，她还是一意孤行，那她就要自己承担后果。

如果这次你拒绝了她要你背黑锅的请求，而她就与你绝交的话，说明她也不是你真正的朋友。你不必感到难过或自责，因为你没有做错什么。你可以尝试去交一些新的朋友，那些能够理解你、支持你、尊重你的人，才会是你永远的朋友。

互相支持和理解

好朋友应该是彼此支持和理解的人。当你有需要时,她愿意倾听和支持你,同样,你也会这样关心和支持她。

尊重

真正的朋友应该尊重彼此的个性、选择和界限,不会自私地强迫对方做不愿意做的事情。

亲密有间

双方都能有分寸地对待彼此,不越界,不肆无忌惮地开玩笑。

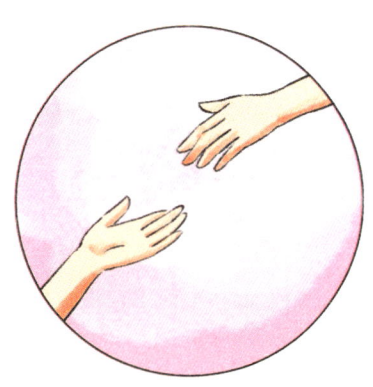

共同成长

真正的朋友会一起成长,共同成长为更好的人。当你遇到挫折的时候,好朋友会在身边默默地鼓励和支持你。

青春期女孩的小心思

1 我总是希望别人能猜中我心里在想什么。其实这样不好,与其让人猜,不如大大方方说出来,好好沟通。

2 朋友无心的一句话,我会想很久。最近我学会把心里话写进日记里,这样我的心里话总算有地方倾诉了。

3 有时候,别人的善意帮助,却让我恼羞成怒,我想,我的内心可能有点儿自卑。

4 如果有人侵犯了我的合法权益,我会勇敢地站起来保护自己。忍气吞声只会助长坏人的嚣张气焰。

与他人沟通时,我们担心说错话出糗,这使得我们越发不敢轻易开口,这是很正常的心理活动。在每次和他人交流时,不妨先做深呼吸,告诉自己:出糗也没什么,又不是世界末日,说错了大方承认,改正就可以了。

妈妈告诉我

亲爱的宝贝,妈妈今天想和你说一件事。前两天我们一起出去玩,在路上你突然板着脸,一句话也不说,妈妈问你怎么了,你也只是摇摇头。当时妈妈觉得可能是你遇到了什么不开心的事,但是又不知道该怎么开口。回到家后,妈妈一直在想这件事,决定和你好好谈谈。

妈妈理解你的感受,有时候,我们会期待别人能够读懂我们的心思,但是很多时候别人是无法读懂我们的,除非我们用语言正确地表达出自己的想法和需求。每个人都有自己的思维方式,你不说出来,别人永远无法理解你。所以,不要害怕表达自己,可以大胆地把自己内心所想的说出来。

宝贝,当你跟别人发生矛盾或冲突的时候,可以试着找一个合适的时机,和对方坐下来好好谈谈。千万不要觉得自己是内向的人,就一定不擅长沟通。有时候,我们越是担心,就越是不敢开口,所以,不如放下负担,带着轻松的心情去和对方交流。

无论你遇到什么困难或者不开心的事情,都可以和妈妈分享。妈妈相信,你会变得越来越善于表达自己,并且能和他人建立真诚的友谊。

心理专家建议

当我们有心事时，要学会和别人沟通，及时排解烦躁的情绪，不要自己硬扛，不然会造成很多心理压力和疾病。通常情况下，我们可以找这些人聊聊。

父母

假如有心事不好意思和父母说，我们可以找个借口，比如"我有个朋友，她最近……"这样既不会尴尬，也排解了自己内心的烦忧。

师长

老师教过许多学生，具有丰富的生活经验和知识，他们说不定能够从不同角度提供见解和建议。

好友

好友也许可以理解你的烦恼，因为她也有同样的体会。和好友聊一聊，说不定你的心结就解开了。

青春期女孩常见心理活动

1 爸妈给我报了很多培训班，我压力很大。我打算和他们好好沟通一下，说出我真实的想法。

2 爸妈总叫我让着妹妹，我很难过。但这次我上台领奖，爸爸、妈妈、妹妹在台下使劲为我鼓掌，我好感动。

3 每次见面，爷爷总是很关心我的学习。我想，我平时就应该多跟爷爷聊聊天，让他知道我在努力学习。

4 亲戚聚会时，大家都爱问我的学习成绩，我很烦。不过，这次聚会，大家只聊吃喝玩乐，我玩得还是挺开心的。

在家庭中，我们分享彼此的欢乐和喜悦，也不可避免地会发生矛盾和争吵。遇到问题时，我们应该和家人好好沟通，坦诚地表达自己的感受和需求，这样才能更好地理解彼此，解决矛盾，增进彼此的感情。

妈妈告诉我

亲爱的女儿，今天我给你收拾了房间，结果晚上你回家后，气愤不已，说我侵犯你的隐私。宝贝，如果我打扫你房间的行为让你感到不舒服，我很抱歉。我非常尊重你的个人空间，所以以后你不在家时，我不会进你的房间清理打扫，请放心。

为了避免类似的误会再次发生，我建议我们一起制订一些家庭清洁准则，让每个人都参与其中，这样既能让家里整洁，也能避免争吵。比如，我们可以约定每个人负责哪些地方的卫生，每周进行一次大扫除。这样既能尊重彼此，又能一起创造整洁舒适的家庭环境。

不过，妈妈也想和你说说你大发脾气这件事。虽然我能理解你当时的心情，但你冲我发脾气并不能解决问题，只会加剧矛盾。

妈妈希望你能明白，解决问题的方式有很多种，而发脾气并不是明智的选择。你可以尝试用一些更积极的方法来解决矛盾。比如，和爸爸妈妈一起制订家庭规则，把你不喜欢我们做的事情列出来，同时我们也会和你沟通我们希望你注意的地方，大家共同遵守。这样一来，我们就能在和谐、愉快的气氛中解决矛盾，岂不是更好吗？

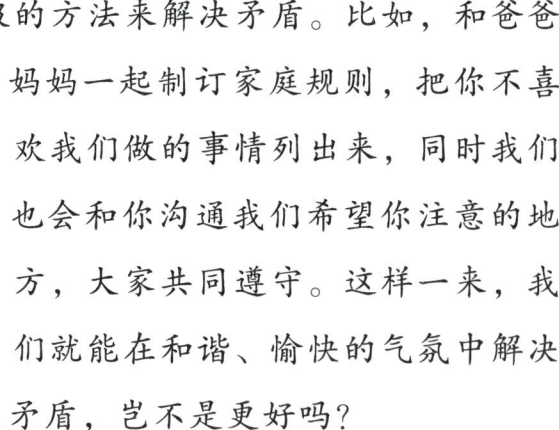

心理专家建议

用心倾听

给爸妈机会表达他们的担忧和顾虑,并认真倾听。

表达感激与理解

与爸妈沟通关于尊重隐私的话题时,可以先表达对爸妈的感激,感谢他们一直以来的照顾,然后表达你理解他们,知道他们是出于关心才想要了解你的生活。

明确自己的立场

明确表达你希望爸妈尊重你的个人隐私,并说明原因以及希望他们怎样做。

在青少年阶段，我们会面临许多困扰，比如如何交朋友、如何和异性相处，以及如何与家人沟通等。

只要我们勇于展示真实的自己，有自己正确的交友原则，学会积极倾听和坦诚沟通，我们就能战胜这些困难，成长为更坚定、更优秀的自己。

如果你有想对妈妈说的心里话，请写下来。

> 我的心里话

第 5 章

学习篇

青春期是人生中一个充满挑战和机遇的阶段。在这个时期，我们将直接面对中考、高考等人生大事，这些关键的节点关系到我们未来的发展。在这个阶段，如何提高学习能力，收获良好的学习成果，是我们最应该关注的事情。

现在，你准备好了吗？快来逐一击破求学路上的绊脚石，和我们一起踏上成长的征程吧。

青春期的常见现象

1 我想好好学习,但又很贪玩,看来得找个爱学习的伙伴,拉着我一起学习才好。

2 爸妈只看重我每次考试的分数和排名,这导致我压力大,得找个时间和他们谈谈。

3 同学们都进步了,只有我还在"原地踏步"。但老师告诉我,要静下心来打好基础,这样才能在未来走得更稳。

4 对于我的弱项科目,我总是想要逃避。现在想想,还是要多花点儿时间在短板科目上,只有这样才能提高自己的综合实力。

如果你在学习中感到疲惫,不妨尝试寻找一些适合自己的放松方式,比如运动、听音乐、阅读等,这些活动可以帮助你缓解压力,增强自信心和毅力。记住,学习并不是一件容易的事情,只有坚持不懈地努力,才能到达成功的彼岸!

妈妈告诉我

亲爱的女儿，妈妈注意到你这几天放学后总是无精打采的，作业也拖到很晚才完成。宝贝，妈妈知道学习是件很累的事，如果你最近对学习感到有些吃力，我们可以一起找找原因，看看是不是最近的课程对你来说有些难度，或者是在学校里发生了什么事情影响到了你的心情？如果你愿意，可以跟我分享你的感受，我们一起来想办法解决。

作为你的妈妈，我的心情也随你的状态而波动，宝贝，我想告诉你：学习就像长跑，中间肯定有疲惫的时候，但这并不意味着我们应该停下来或者放弃。相反，我们应该努力寻找解决问题的方法。或许这个周末我们可以一起去郊外爬山，在大自然中尽情放松，把闷在胸口的不愉快全部喊出来，这样你会感到舒服很多。

我的宝贝，人生的道路很长，会遇到很多"困难怪兽"，学习只是其中的一个。每一个"困难怪兽"都有它的弱点，只要我们找到正确的应对方法，就一定能够战胜它。你每打败一个"困难怪兽"，就能收获一点经验和成长。在一次次的战斗后，你会变得更加坚强、更加自信，也更有力量。

心理专家建议

制订合理的学习计划

就拿学英语这件事来说,我们可以规定自己每天掌握5个新单词,每天看1篇英语文章,这样的小目标是比较容易达成的,坚持下去,英语能力自然就提高了。

找到兴趣点

尝试找到学习内容中的兴趣点,将学习与自己的兴趣爱好结合起来,这样会让学习变得更加有趣。

设置奖励机制

当完成一个学习目标时,给自己一个小奖励,这样可以增强学习的动力。

保持良好的身体状态

注意休息,保证充足的睡眠和合理的饮食,这样可以让你在学习时保持良好的精神状态。

如何应对考试焦虑？

下周就要考试了，我感觉还有好多没复习的，怎么办啊？

青春期的常见现象

1. 每次临近考试，我就会拉肚子。

2. 我平时成绩挺好的，就是一到考试的时候就容易掉链子，一些简单的题都出错。

3. 每天学到很晚，状态越来越差，完了，我已经预感到我这次要考砸。

4. 每逢考试之前我就会失眠，或者梦见自己交卷前才发现没涂答题卡！

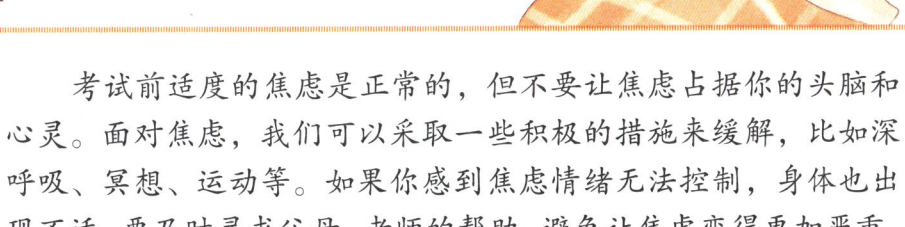

考试前适度的焦虑是正常的，但不要让焦虑占据你的头脑和心灵。面对焦虑，我们可以采取一些积极的措施来缓解，比如深呼吸、冥想、运动等。如果你感到焦虑情绪无法控制，身体也出现不适，要及时寻求父母、老师的帮助，避免让焦虑变得更加严重。

亲爱的女儿，因为联考临近，你的学习压力很大，经常挑灯夜战，我很为你的状态担心。我知道你想在这次考试中取得好成绩，但我也希望你能够放平心态，不要过于紧张和焦虑。

我和你爸爸常说，不要太在意成绩排名，不然所有的同龄人都会成为你的竞争对手。假如每次考试都带着"竞争"的心态，心弦一定会绷得很紧，这样压力能不大吗？你完全可以把考试看作是一个发现自己的不足之处和学习新知识的机会。通过考试，你可以更加了解自己，知道自己哪些方面做得比较好，哪些方面还需要加强。

妈妈还想说，尽管考试对一个人未来的成功有着一定的影响，但并不是成功唯一的因素。一个人是否成功，并不完全取决于考试成绩，相反，它取决于这个人的整体能力和综合素质。

女儿，妈妈说了这么多，就是希望你能够放松心态，享受学习，轻装上阵，迎接联考。

祝你一切顺利！

心理专家建议

考前做好充分的准备

在考试前,有针对性地复习,认真对待每次的模拟考试,这样,可以增强自信心,减少对于考试的陌生感和压力。

不陷入无止境的焦虑

适当的焦虑是正常的,但不要放大自己的焦虑。如果感到非常焦虑,可以通过深呼吸、冥想、运动、自我对话等方式进行缓解。

建立积极的心态

正确看待考试成绩,将考试看作是一次检验自己学习效果的机会。如果考得好,不要骄傲,要继续努力;如果考得不好,也不要气馁,改进学习方法,继续加油。

偏科怎么办？

我知道理科很重要，但就是没法理解那些抽象的概念和复杂的公式，我不想放弃这些科目，我该怎么办呢？

青春期的常见现象

1 每次上语文课，我都像纵横沙场的将军，回答问题游刃有余；但是一到了数学课，我就只能缩在角落，祈祷数学老师不要提问我。

2 总是听人说"男生数学物理好，女生语文英语好"，但我们老师说，这些都是传统偏见。

3 虽然我学习不错，但一到体育课我就很害怕，因为每次跑步垫底，也没有任何擅长的运动，这让我很苦恼。

4 每次写英语作文或者做阅读理解我都感到困难重重。买了很多的练习题册，还报了专门的写作课，但结果还是不理想。

不要因为偏科而焦虑，每个人都有自己擅长和不擅长的科目。也不要害怕偏科，偏科恰恰说明你还有很大的进步空间，只要找到合适的学习方法，坚持努力，就一定能克服困难，提高薄弱科目的成绩。

亲爱的女儿,你今天哭着跟我说"没有数学天分,怎么也学不好数学,想放弃"的时候,妈妈能感受到你的沮丧和无助。

就你数学偏科的问题,我和你的数学老师聊了很久,他给了我这两个学习建议:

第一,重新梳理基础概念,挨个解决没学懂、学透的知识点。你可以把课本上每单元的知识点都整理出来,然后逐个排查,看看自己哪些知识没有掌握好。先尝试自己弄懂这些知识点,如果还是不明白,可以利用课余时间向数学老师或数学成绩好的同学请教。

第二,养成记录错题的习惯,可以有针对性地反复练习错题。在复习错题时,你可以先看一遍错题,然后再做一遍。如果还是做错了,就再看一遍错题,分析错误原因,然后再做一遍。这样反复练习,可以帮助你加深对知识点的理解和记忆,提高解题能力。

女儿,这些是数学老师和妈妈的一些小建议,但最重要的还是要找到适合自己的学习方法。宝贝,妈妈相信你有足够的能力和智慧去克服偏科的问题。妈妈会一直在你身边,支持你、鼓励你,和你一起渡过这个难关。

加油,我的宝贝!

偏科形成的三大原因

1. 先天天赋不同。每个人都有不同的天赋，因此就有自己擅长和不擅长的科目。

2. 家长暗示。如果父母经常说"女孩子学不好数学很正常"，一旦有了这种心理暗示，女孩在学习数学时遇到困难，就很容易退缩。

3. 老师的因素。如果孩子不喜欢数学老师，那么孩子对学习数学也会有抵触情绪。

偏科的解决策略

1. 建立自信。相信自己只要刻苦练习，用对方法就能学好。

2. 保持积极心态。摒弃"女孩学不好理科"这类偏见。

3. 根据自己的情况，制订个性化的学习方案。

4. 正确对待老师。即使不喜欢某位老师，也要努力学好这门科目。

青春期的常见现象

1. 每天写完作业，我都会上网玩一会儿，但玩着玩着，一个多小时就过去了。事后，我总是非常后悔。

2. 对着电子屏幕的时间太长，眼睛又干又涩，去医院检查后，医生告诉我最好每看20分钟电脑后，就远眺3分钟。

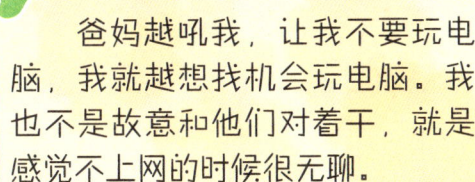

3. 爸妈越吼我，让我不要玩电脑，我就越想找机会玩电脑。我也不是故意和他们对着干，就是感觉不上网的时候很无聊。

4. 我很想努力学习，但我的心思总是被手机勾走，看来我得想办法解决自己网络上瘾的问题。

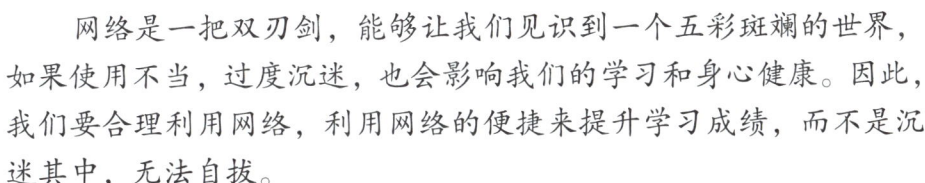

网络是一把双刃剑，能够让我们见识到一个五彩斑斓的世界，如果使用不当，过度沉迷，也会影响我们的学习和身心健康。因此，我们要合理利用网络，利用网络的便捷来提升学习成绩，而不是沉迷其中，无法自拔。

妈妈告诉我

亲爱的女儿，暑假到了，这几天我看你每天一起床就打开电脑玩游戏，这可不是件好事，我有点儿担心你沉迷网络，所以想和你聊聊。

我们以前就达成了有关上网的共识：一是上网时间有限制，不能一直上网；二是要分配好上网学习和玩网络游戏的时间，不能老玩游戏；三是允许我在你的电脑上安装绿色软件，帮你过滤掉不好的内容。你能尽快规划出上网时间和比例吗？做好后给我看看，我们一起商量后再执行。

另外，因为假期你长时间待在家里，所以我想把电脑放到客厅。这样做的好处是你不和电脑独处，电脑就无法在晚上诱惑你"再玩一会嘛"；如果有好玩的游戏，我们还可以一起玩一会儿，我也想拥有和我的宝贝女儿一起玩游戏的快乐时光。

最后，我要重申一遍的是：文明上网，保护自己的个人隐私，不单独和网友见面。无论是在现实生活中还是在虚拟世界里，安全永远是最重要的。

亲爱的宝贝，我希望你能够在网络世界里健康安全成长，如果你有任何困扰，欢迎随时和我商量，上网规则是可以调整的，但我对你的爱永远不变。

专家告诉我

长时间低头上网的三大危害

1. 长时间低头不仅会让我们的颈部肌肤松弛，提前出现颈纹，还会损伤颈椎。

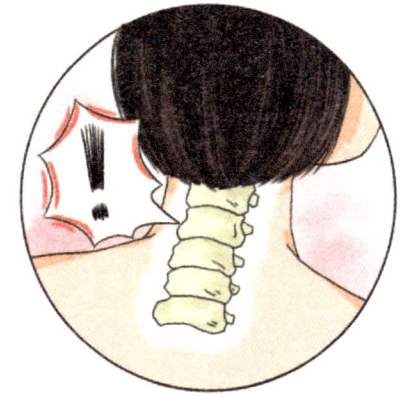

2. 长时间盯着电子屏幕会导致眼睛干涩、疲劳，影响视力。

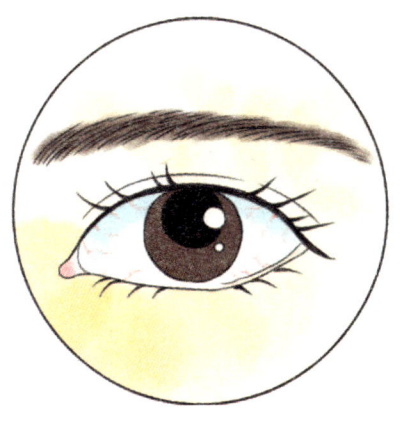

3. 长时间沉浸在网络世界里，容易产生社交障碍、情感淡漠等心理疾病。

如何远离网络？

1. 尽量只下载必要的学习类应用程序。
2. 设置屏幕使用时间。
3. 关闭消息推送。
4. 加强户外锻炼，挖掘更多的兴趣爱好。

青春期的交友注意事项

1 好朋友是"社牛",不仅跟所有同学的关系都很好,也很得老师的喜欢。我好羡慕她啊!

2 她们建了个群没有加我,一开始我还挺不高兴的,后来想想,其实没啥,我也可以扩大自己的朋友圈嘛。

3 朋友旅游回来,给大家都带了礼物,唯独遗漏了我。虽然我很难过,但这并不是我的错,我才不会自责呢。

4 和好朋友绝交了,不知道怎么和好。或许我可以找个"中间人"做和事佬,帮我们恢复友谊。

在十五六岁的青葱岁月里,女孩因身心的成长会衍生出诸多情绪和心态,诸如"嫉妒""虚荣""攀比"等。这其实是因为你不甘落后,渴望能比他人更卓越、更优秀,这是再正常不过的心理状态。但是,我们务必谨记的是:切莫过度攀比,与其艳羡他人,不如将目光专注于自身的强项之上。

妈妈告诉我

亲爱的女儿，昨晚你问我："好友芊芊不仅长得漂亮，成绩也好，大家都喜欢她，我好嫉妒啊，这是不是小心眼？"我想告诉你，嫉妒是一种正常的情绪，每个人都会有，包括我。有时候，看到朋友优秀又强大，我们会觉得不舒服，甚至产生嫉妒的心理，这说明我们也想像他人那样优秀，说明我们有上进心。

当我们有嫉妒之心时，把这种感受藏在心里，不仅会让自己更加痛苦，而且可能影响到与好友的关系。而如果任由嫉妒升级，使之转变为愤怒、忌恨等消极情绪，你会因此而消耗大量的精力，让你无法专注于自己的成长和进步，甚至可能会让你做出冲动的行为，伤害到自己或他人。

所以，相比之下，更好的做法是：与其关注芊芊的优秀，不如制订自己的进步目标，化嫉妒为强大的动力，鞭策自己不断前进，让自己也成为他人眼中闪闪发光的人。你是一个聪明、善良、有远大理想的女孩，妈妈为你感到骄傲，也相信你能够克服一切困难，走向光明的未来。妈妈永远支持你，爱你！

专家告诉我

挖掘自己的优点

花些时间仔细回顾自己的经历和成绩，找到自己的优点和长处，化嫉妒为动力，推动自己不断成长。

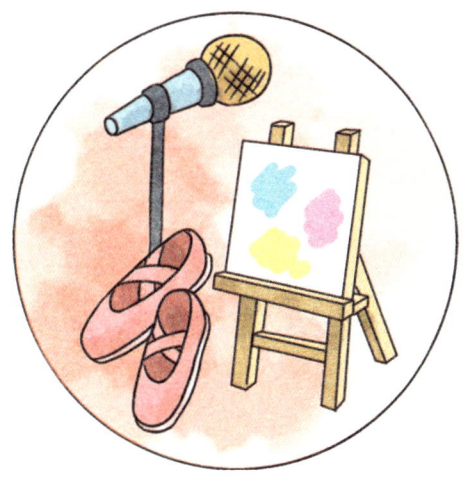

大方询问周围的人

与亲近的朋友、家人或同学交流，问问他们眼中的你是什么样的，有哪些优点。有时候，别人能更好地看到你身上的闪光点。

扩大朋友圈

不沉浸在固定的小圈子里，扩大自己的朋友圈，不仅可以交到更多的朋友，还能丰富自己的世界，使心胸更开阔。

学习就像辛勤耕种一样，过程虽然艰辛，但最终会迎来欢笑丰收的时刻。当然，在努力学习的过程中，我们也要注意保持身心健康，合理安排学习和休息的时间，毕竟，好的学习习惯、健康的身体和良好的心态缺一不可。

未来，就让我们在学习的道路上持之以恒，不断进步，成为更好的自己吧！

如果你有想对妈妈说的心里话，请写下来。

我的心里话

第 6 章

素质篇

青春期是一个充满挑战和机遇的时期，在这个阶段，除了身体和心理的变化，你还将面临其他方面的许多挑战。例如，如何与他人相处、如何管理自己的财物、如何规划自己的未来等。高情商可以提高你的人际交往能力，高财商可以帮你管理好钱财，规划未来可以帮你明确自己的方向，提高学习动力。

现在，让我们一起来探索如何提高这些能力，开启充满无限可能的人生之旅吧。

青春期女孩的性格变化

1 妈妈说我变了,变得暴躁易怒,动不动就摔门,其实我也不想这样,但情绪上头的时候,怎么也控制不住。

2 有一次我很烦,忍不住骂了一句脏话,没想到被家人听见了,我好尴尬呀!

怎么还没回复我?

3 不知道怎么变得敏感起来,一点儿小事就让我疑神疑鬼,怎么也静不下心来。

4 我真的觉得说话太直已经成了我的一个缺点,有时候我甚至觉得自己有点儿社交恐惧症。

青春期是一个自我意识增强、独立意识形成的阶段,我们开始更加注重优先表达自我,而较少考虑他人的感受。虽然这种"直性子"很容易使我们在与他人交流时产生冲突,但通过这些冲突和经历,我们将逐渐学会理解不同的观点,以及用合适的方式表达自己。

妈妈告诉我

亲爱的女儿，我注意到你最近因为和好友闹矛盾而情绪低落，我想和你谈谈关于说话太直会伤害到他人这件事。

我要说的是，直性子没有错，但直性子并不是随意说话伤人的理由和借口。我希望你待人接物时，能多注意自己的说话方式，在表达想法的时候把语气放柔和些，不要直来直去。

我希望你学会包容和妥协。要知道，世界上每个人都有自己的想法和观点，而这些观点可能与我们的不同。尽管我们可以坚持自己的立场，但也要学会尊重和接受他人的看法，这样才能够保持友好的关系。

我还希望你能学会换位思考，遇到争论或者矛盾的时候，不妨换个角度去思考问题，设身处地地想一想对方会有怎样的感受，这样才能慢慢改掉自己的"直性子"。

亲爱的女儿，我知道改变不是一蹴而就的，但只要我们种下改变的种子，总有一天，它会发芽长大。不论何时何地，我都会一直陪伴在你身边，支持你、鼓励你。妈妈永远爱你，我的宝贝。

"三不"建议

1. 不直接否定、批评别人。
2. 不轻易抱怨、指责别人。
3. 不说反话、讽刺的话。

"三要"建议

1. 说话时要控制音量和语速,慢慢说。
2. 即使不同意别人的观点,也要使用"先肯定"的说话技巧。
3. 如果话语太直接伤害到别人,要及时道歉。

除了学习，我还有很多兴趣爱好！

青春这么精彩，只埋头学习也太不酷了吧，我什么都想体验下。

青春期女孩的兴趣爱好

1 学习固然重要，但是生活不应该只有书本和考试。我很喜欢绘画，每当我感到压力大的时候，拿起画笔就能够让我心情愉悦。

2 现在已经不流行书呆子了，你要会学还会玩，才能让大家佩服和喜欢。

3 周末我会去做志愿者，通过参加社会活动，我看见了一个更广阔的世界。

4 我喜欢跑步和游泳，运动不仅让我的身体更健康，还锻炼了我的毅力和耐力。

在人生成长的关键阶段，我们不仅要学习各种知识和本领，还要注意培养自己的兴趣和爱好，比如绘画、舞蹈、运动等。这些爱好可以提高我们的审美和创造力，培养我们的自信心和意志力，让我们未来的人生之路越走越宽阔。

亲爱的女儿，昨天你们班开了新年联欢晚会，我看到群里发的演出视频，有乐队表演，有脱口秀，还有舞剑，这些人平常就是你身边普普通通的同学，没想到上台后居然有这么精彩的表演。这让我回想起了我的学生时代。

当我还是学生的时候，因为学习紧张，没有时间也没有心思去拓展自己的兴趣爱好。每逢有这种表演，我也总是因为胆怯而不敢尝试。那时候的我虽然表面看起来不在意，但心里也是充满了失落和遗憾的。

现在回首往事，我意识到人的学习固然重要，但兴趣爱好也不可或缺。兴趣爱好不仅能丰富我们的业余生活，提升我们的综合素质，还能拓宽我们的视野，让我们的生活更加丰富多彩。

所以，我亲爱的宝贝，妈妈希望你在努力学习的同时，也要留出一些时间和空间去探索自己的兴趣爱好，尝试不同的活动，发现自己的热爱和潜力。这样，你将拥有一个更加丰富多彩的人生。相信自己，勇敢地迈出第一步吧！

心理专家建议

积极探索新鲜事物

参加社团、学习乐器、尝试新的运动……通过接触不同的事物，你可能会发现自己对某些方面产生了兴趣。

关注内心感受

留意自己在做某件事情时的内心感受。如果你在做一件事情时感到快乐、满足或者沉浸其中，那么这可能就是你的兴趣所在。

不要轻易放弃

培养兴趣爱好需要时间和努力，不要因为入门期的困难而放弃，坚持下去才能收获意想不到的成果。

我想当个 "财女"

我觉得谈钱并不是一件羞耻的事,相反,我觉得应该正视金钱,培养正确的金钱观,你觉得呢?

青春期女孩的金钱观

1 我觉得钱能解决一切问题，只要有了钱，就会幸福，但我妈说不是那样的。

2 看到别人都拿着最新款的手机或电子产品时，我也很想拥有。

3 我觉得钱会让人变得自私和贪婪，我不想变成眼里只有钱的人，但现实生活中，不谈钱又是不可能的，真矛盾啊！

4 以前，花爸妈给的零花钱，一点儿也不心疼。直到在暑假做了几天兼职，才知道赚钱太不容易了。

出生在物质丰富的时代，青少年很容易对金钱产生一些错误的认识。我们要勇于面对自己的内心，培养正确的金钱观，更好地掌控自己的生活，实现自己的价值。不要耻于谈钱，也不要觉得金钱万能，要学会用正确的态度去对待它。

妈妈告诉我

亲爱的宝贝，昨天姨妈来我们家吃饭时，聊起你菲菲表姐的一些情况，说她花钱大手大脚，工作都两年了，还没攒下一分钱。我看到你一直在旁边傻笑，可能是觉得姨妈的吐槽有趣吧。但是，我很担心你以后会成为像菲菲表姐这样的"月光族"，所以想提前让你学一些理财技能：

记账。每支出一笔钱，无论是吃饭、交通，还是购物，你都要记下来，久而久之，你会发现自己的消费习惯，也能更清楚地掌握自己的财务状况。

识别消费陷阱。在购物之前，可以先问问自己有没有必要买。假如买了一件商品，而后面的使用率太低，这就属于冲动消费。

此外，你还可以试试"断舍离"，"断"是断绝买不必要的东西，"舍"是舍弃不合适的旧物，"离"是脱离对物质的迷恋。明白自己想要什么，然后断绝执念！

总之，理财这件事我也在慢慢学习，如果你有任何关于理财的问题，随时可以和我聊一聊，咱们一起磨炼成长。

建立正确的金钱观

金钱是一种资源，可以用来实现目标、改善生活，但金钱不是万能的。金钱的获取应建立在合法、合理的基础上，不应过分追求或崇拜金钱。

学会储蓄

开设自己的银行储蓄账户，学会每月将一部分零花钱存入其中。

学会做预算

制订一个简单的预算计划，列出固定支出（如参考书、文具）和可变支出（如零食、玩具）。确保支出不超过收入，避免浪费。

对未来迷茫的常见心态

1 我喜欢历史，但是大家都说学历史对以后进入社会没什么用，不如学习一门技术，真的是这样吗？

2 我文科和理科的成绩差不多，爸妈让我自己决定，我好怕自己选错了方向，未来会后悔。

3 一个人一生怎么能只从事一种职业呢？我觉得一个人应该尝试不同的职业，这样生活才会更精彩。

4 爸妈已经帮我规划好以后的道路了，他们打算让我出国留学，但我感觉自己还没有做好准备。

青春期的我们总是有诸多的迷茫——关于自身、关于他人、关于未来，但迷茫并不可怕，因为它不仅能促使我们审视内心，思考自己的兴趣所在，还能促使我们不断地向外探索，最终找到自己的目标和方向。

妈妈告诉我

亲爱的宝贝，看到你因为文理分科的事情而苦恼，妈妈很心疼。我知道你现在感到很迷茫，不知道该怎么选择，这是很正常的，很多人都经历过这样的阶段。

宝贝，我无法给你一个准确的答案，告诉你选哪一种更好，因为无论学文科还是理科，在未来都会有它的优势和劣势。每个人都有自己感兴趣的东西和擅长的领域，关键是要跟随你的内心。你可以试着想一想，哪些科目让你觉得更有趣，更有动力去学习？或者你对未来有什么职业方向的想法吗？这些都可以帮助你做出决定。如果你有任何疑问，随时问我或者爸爸。

宝贝，我想告诉你，无论你选择文科还是理科，它都不会决定你的一生。人生就像一场马拉松，起跑线上的选择只是开始，真正的胜负在于你是否能够坚持下去，是否能够不断学习和进步。学习可能会很辛苦，但每一次的付出，都会成为你未来成功的基石。妈妈相信你，无论选择哪条路，都会勇往直前，走出自己的精彩人生。

女儿，无论你选择什么，我都会一直支持你。无论你走向何方，我都会一直在你身后，为你加油。

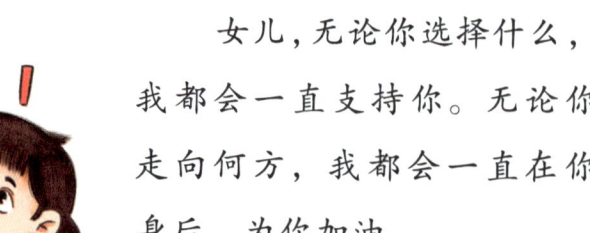

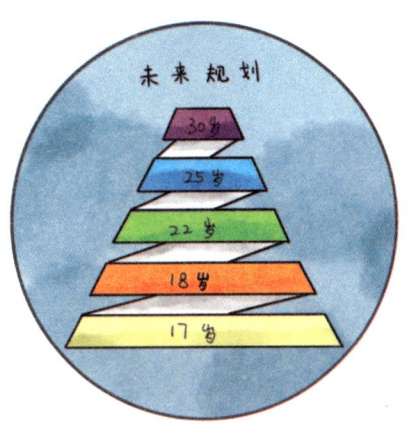

可以看看优秀的同龄人对未来的思考

通过社交媒体，可以关注一些你认为优秀的同龄人，看看他们对未来、工作或职业的思考，也许这对你会有启发。

和父母多沟通职业选择的问题

询问父母亲的工作和生活经历，问问他们是如何选择职业的，了解他们所积累的人脉和资源，与你感兴趣的职业方向是否有交集的部分。

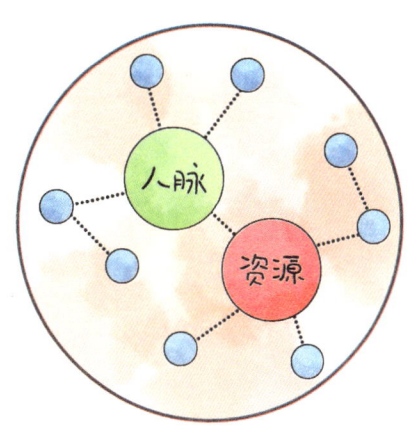

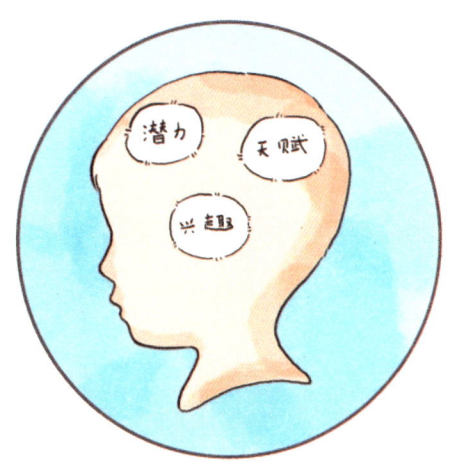

自我评估，研究职业信息

把职业规划和自己的学习天赋、兴趣特长等联系起来，找到自己感兴趣的职业方向，了解不同职业的工作内容、前景和要求，先确定一些短期目标，逐步明确自己的长期职业方向。

青春期是我们成长过程中的一个重要阶段,在这个时期,我们除了要面对身体发育、心理情绪、人格素质等自身困扰,还要迎接来自外界的各种挑战。

这些问题和挑战可能会让你感到困惑、焦虑、不安,但请相信,在这个过程中,爸爸妈妈会一直陪伴在你身边,给你支持和鼓励。我们一起努力,让你顺利度过青春期,成为更好的自己。

如果你有想对妈妈说的心里话,请写下来。

我的心里话